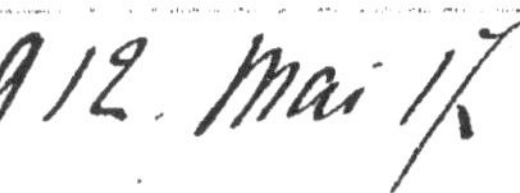

VENTE

DU

Vendredi 17 Mai 1912

HOTEL DROUOT

SALLE N° 11

LIVRES ANCIENS

ET MODERNES

Me HENRI BAUDOIN

COMMISSAIRE-PRISEUR

M. GEORGES RAPILLY

EXPERT

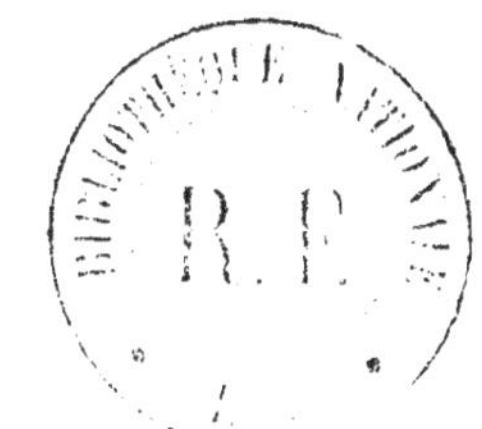

CATALOGUE

DE

LIVRES ANCIENS

ET MODERNES

RELATIFS A

L'ARCHITECTURE ET LA DÉCORATION

ŒUVRES

DE BLONDEL, BOFFRAND, BOUCHER FILS
BRISEUX, BULLANT, DELAFOSSE, PH. DELORME, DU CERCEAU
LETAROUILLY, MARIETTE, MAROT, PERCIER ET FONTAINE
VIOLLET-LE-DUC, ETC.

DONT LA VENTE AURA LIEU A PARIS

HOTEL DROUOT, SALLE N° 11

Le Vendredi 17 Mai 1912, à 2 heures précises

Par le Ministère de Me **HENRI BAUDOIN**, Commissaire-priseur
Successeur de Me **PAUL CHEVALLIER**
10, RUE DE LA GRANGE-BATELIÈRE, 10

Assisté de **M. GEORGES RAPILLY**
Marchand d'Estampes de la Bibliothèque Nationale
9, QUAI MALAQUAIS, 9

CONDITIONS DE LA VENTE

Elle sera faite au comptant.

Les acquéreurs paieront 10 p. 100 en sus des adjudications.

L'expert remplira les commissions que voudront bien lui confier les amateurs ne pouvant y assister : il se réserve en outre la faculté de diviser ou de rassembler les lots.

MM. les amateurs pourront visiter la collection chez M. Rapilly, quai Malaquais, nº 9, les 13, 14 et 15 mai, de 2 heures à 5 heures.

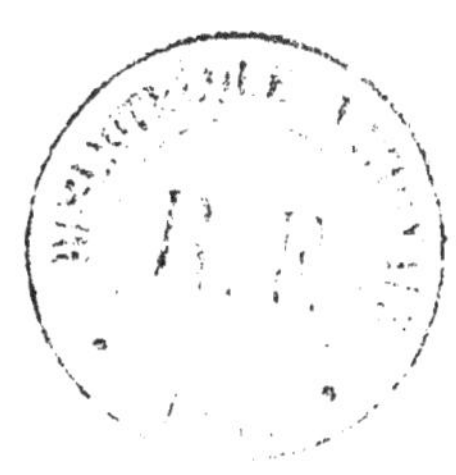

CATALOGUE

DE

LIVRES ANCIENS

ET MODERNES

1. **Alberti.** L'Architecture et Art de bien bastir du Seigneur Léon Baptiste Albert, Gentilhomme Florentin, divisée en dix livres. Traduit du latin en français, par deffunct Jan Martin, parisien. *A Paris, par Jacques Kerver,* 1553, in-fol., veau ant., dos orné, tr. rouge.

   Figures sur bois.

2. **Albertus Durerus** nurembergensis pictor hujus aetatis celeberrimus, versus è Germanica lingua in Latinam... Quatuor his suarũ Institutionum Geometricarum libris, superficies et solida corpora tractavit, adhibitis designationibus ad eam rem accommodatissimis. *Parisiis, ex officina Christiani Wecheli,* 1535, in-fol., figures sur bois, demi-bas, verte. (*Rel. mod.*)

   On a relié dans ce volume, du même auteur : *De urbibus, arcibus, castellisque condendis ac muniendis rationes aliquot, præsenti bellorum necessitati accommodatissimæ.* Parisiis, Christiani Wecheli, 1535, fig. sur bois (quelques taches et mouillures).

3. **Les Antiquités d'Athènes,** et autres monuments Grecs, d'après les mesures de Stuart et Revett : enrichis des nouvelles découvertes. Edition portative, en 71 planches, dessinées et décrites par M. Nolau, architecte ; gravées par MM. Hibon et Réveil. *Paris, Audot,* 1835, in-12, demi-chag. viol., jas.

4. **Antonini** (Carlo). Manuale di varij ornamenti tratti dalle fabriche, e frammenti antichi per uso, e commodo de pittori, scultori, architetti, argentieri giogellieri, ebanisti, etc., etc. *In Roma*, 1777, in-4,50 planches gravées, cartonné,

Tome Ier contenant la Série des *Rosaces antiques existant à Rome*. Quelques taches.

5. **L'Architecture aux Salons**. Société des Artistes français et Société Nationale des Beaux-Arts. *Paris, Guérinet*, 1905, in-fol., 170 phototypies, en carton.

6. **Architecture civile**. Maisons de ville et de campagne de toutes formes et de tous genres, projetées pour être construites sur des terrains de différentes grandeurs. Par L.-A. Dubut. *Paris*, 1842, in-fol., 88 planches, br.

On y a joint environ 2 volumes (sur 3) de : *Choix d'édifices publics* projetés et construits en France depuis le commencement du XIXe siècle. Publié par Gourlier, Biet, Grillon, et feu Tardieu, 1825-1840, 2 vol. in-fol., dont le 1er vol. relié.

7. **Architecture**. Libro d'Antonio Labacco, appartenente à l'architectura. *Roma*, 1567, in-fol., fig., demi-rel. — L'Architecture des Voûtes par Derand, 1643, in-fol., fig. rel. fatig. — I tre ordini d'architettura... Opera di Neralco. *Roma*, 1744, in-fol., fig., rel. vélin anc. — Memorie istoriche della Gran Coupola del tempio Vaticano, *Padoua*, 1748, in-fol., fig., cartonné. Ensemble 4 vol.

8. — Réunion de 12 vol. anciens, la plupart illustrés, relatifs à l'architecture. In-4 et in-8 reliés et brochés.

Dissertations sur le Panthéon français, par Gauthey. Le propriétaire architecte. Traité d'architecture par Cordemoy. Recueil de plusieurs machines de Perrault. Traité des Cinq ordres de Le Muet, etc.

9. — Réunion de 20 volumes, anciens et modernes, relatifs à l'architecture. In-8 et in-12 reliés.

Dictionnaire abrégé de peinture et d'architecture, 2 vol. Observations sur l'architecture, 1 vol. Caminologie, 1 vol. Architecture de Bullet, 1 vol. Memento des Architectes, par Toussaint, 7 vol., etc.

10. — Plans et élévations d'Hôtels construits à Paris, ou de châteaux de la province et de l'étranger. Portes, fon-

taines, etc. Environ 65 pièces extraites pour la plupart des ouvrages de Le Muet et Boffrand. In-fol., en ff.

11. **Arquebuserie.** Plusieurs pièces et ornements d'Arquebuserie les plus en usage, tirés des ouvrages de Laurent Le Languedoc. *G. de la Feuille excud.*, 6 pièces, in-fol., en ff.,

12. **Art de construire,** science de l'Ingénieur, etc. Réunion d'environ 12 vol., in-fol. et in-8, reliés et br.

Résistance des matériaux, par Morin. Cours de construction, par Brune. Revue de l'architecture de Daly, etc.

13. **L'Art des Fontaines,** c'est-à-dire, pour trouuer, esprouuer, assembler, mesurer, distribuer et conduire les sources dàs les lieux publics et particuliers; d'en rendre la conduite perpetuelle et de donner par Art des eaux coulantes aux lieux ou elles manquent par nature... Edition seconde. Par le P. Iean François de la Compagnie de Iesus. *A Rennes, chez P. Hallavdays*, 1665, petit in-4, br.

Figures sur bois en marges.
Réparations à une planche.

14. **L'Art et les Artistes,** Revue mensuelle d'art ancien et moderne sous la direction de M. Armand Dayot. De l'origine avril 1905, à la 7e année, mars 1912 inclus. *Paris*, 1905-1912, 14 vol. in-4, en 84 livraisons brochées.

Nombreuses illustrations dans et hors texte, en noir et en couleurs, pièces originales d'artistes contemporains, etc.

15. **L'Art et les Artistes,** Directeur-Fondateur : *Armand Dayot*. D'avril 1906 à mars 1907, inclus. *Paris*, 1906-1907, 2 années en 24 nos in-4, br.

2e et 3e années complètes
On a joint 16 numéros divers de 1907 à 1911.

16. **Atlas administratif** des 20 arrondissements de la ville de Paris. Publié d'après les ordres de M. le Baron Haussmann. *Paris*, 1868, in-fol., demi-rel.

19 planches.

17. **Augustin Vénitien**. Rinceaux d'Ornement. 3 pièces petit in-4, gravées par Augustin Vénitien (B. 553, 554 et 559).

18. **Babin**. Premier-(Quatrième) Livre de Serrurerie (Balcons). — Livre de Serrurerie (Rampes d'escaliers). *A Paris, chez la Vve de Fr. Chéreau*, in-8, en ff.

5 Cahiers marqués A à E, les 4 premiers contiennent chacun 10 feuilles et le 5e 6 feuilles. Ensemble 46 pièces, rares.

19. — Septième livre de Serrurerie. *A Paris, chez la Vve de Fr. Chéreau*, petit in-fol., en ff.

Suite complète de 10 pièces représentant des grilles, rampes d'escaliers, balcons, supports, clés et entrées de serrures, lutrins d'église en fer forgé (cahier G). Chaque pièce est signée *f. par bb.* Belles épreuves à grandes marges d'une suite rare.

20. **Bataille** (Henry). Têtes et Pensées. *Paris, Ollendorff*, 1901, in-fol., en portef.

22 portraits de littérateurs contemporains, avec croquis littéraires.

21. **Bâtiments du Roy**. Devis, conditions, prix et adjudications pour les travaux qu'il conviendra faire dans les châteaux, palais, maisons royales et autres appartenant au Roy, à Paris, Versailles, les parcs, Meudon, Marly, Saint-Germain, Compiègne, Vincennes, Choisy, etc. *Année* 1754, petit in-fol., cartonné, tr. rouge. (*Rel. anc.*)

Curieux manuscrit du temps de Louis XV, d'une belle exécution calligraphique.

22. **Batissier**. Histoire de l'Art monumental dans l'Antiquité et au Moyen Age ; suivie d'un traité de la peinture sur verre. *Paris, Furne*, 1845, gr. in-8, fig. et 4 pl. en couleurs, demi-maroq. rouge, coins, tête dorée, non rog.

Première édition ; quelques piqûres.

23. **Baumann** (David). Modèles de Bijouterie et d'Orfèvrerie. 5 pièces in-fol. en ff.

On y a joint une pièce dessinée et gravée par Jean Guien, représentant des modèles de joaillerie. Ens. 6 pièces.

24. **Bélidor.** Architecture hydraulique. *Paris, Jombert*, 1737-1770, 4 vol. in-4, fig., rel. veau ant.

Exemplaire fortement mouillé.
Nous y joignons l'ouvrage suivant :
Essai sur la manière la plus avantageuse de construire les machines hydrauliques, et en particulier les moulins à bled. Par M. Fabre. Paris, Jombert, 1783, in-4, fig., rel. veau.

25. **Bérain** (Jean). Panneaux, arabesques, cheminées, meubles, plafonds, décorations de carrosse, orfèvrerie. 20 planches in-fol.

26. — Ornements inventés par J. Bérain. *Et se vendent chez Joseph Friedrich Léopold*, 1703, 85 pièces gravées en Allemagne d'après les compositions de Bérain, montées en un album in-fol., demi-rel.

27. **Besson** (Jacques). Théâtre des Instruments mathematiques et mechaniques de Iaques Besson Dauphinois, docte mathematicien. Avec l'interprétation des figures d'iceluy, par François Beroald. *A Lyon, par Barthelemy Vincent*, 1579, in-fol., demi-chag. brun. (*Rel. mod.*)

Figures sur cuivre.
Les planches 17, 35, 39 et 41 sont des copies gravées par René Boyvin.

28. **Blondel** (François). Cours d'Architecture (quatrième, cinquième et dernière parties). *A Paris, chez l'auteur*, 1683, in-fol., rel. veau ant.

Planches sur cuivre.

29. **BLONDEL** (Jacques-François). De la distribution des Maisons de plaisance et de la Décoration des édifices en général. Ouvrage enrichi de cent soixante planches en taille-douce, gravées par l'auteur. *A Paris, chez Ch.-Ant. Jombert*, 1737-1738, 2 vol. in-4, planches, veau ant., dos orné, tr. rouge.

30. — Architecture françoise, ou Recueil des plans, élévations, coupes et profils des églises, maisons royales, palais, hôtels et édifices les plus considérables de Paris, ainsi que des châteaux et maisons de plaisance situés aux environs de cette ville... Avec la description de ces

édifices... Par Jacques François Blondel, professeur d'architecture. *A Paris, chez Ch.-Ant. Jombert*, 1752-1756, 4 vol. in-fol. demi-rel. bas. marbrée, tr. jas.

500 planches en belles épreuves.
Exemplaire en bon état de conservation, sauf quelques planches légèrement jaunies dans le tome 4.

31. **BLONDEL**. Cours d'Architecture, ou traité de la Décoration, distribution et construction des bâtiments; contenant les leçons données en 1750 et les années suivantes. *Paris, Desaint*, 1771-1777, 9 vol. in-8, dont 3 de planches, rel. veau marbré, dos orné, tr. rouge. (*Rel. anc.*)

Cet ouvrage, terminé par Patte, est connu sous le nom de *Petit Blondel*. Jolis motifs de décoration style Louis XV.

32. — Dessins de Treillages exécutés à Malte et à Petersbourg. *A Paris, chez Daumont*. In-fol., en ff.

4 pièces rares marquées D, 6, 11, 15, 16.

33. **BOFFRAND**. Livre d'Architecture contenant les principes généraux de cet art, et les plans, élévations et profils de quelques-uns des bâtiments faits en France et dans les pays étrangers. Ouvrage français et latin. *A Paris, chez Guillaume Cavelier*, 1745. in-fol., avec 70 planches gravées sur cuivre, veau marbré, dos orné. (*Rel. anc.*)

On a relié dans ce volume, du même auteur :
Description de ce qui a été pratiqué, pour fondre en bronze, d'un seul jet, la statue équestre de Louis XIV. 1743, 19 planches.

34. **Bonthomme** (Gabriel). Nouveau Livre de Serrurerie de différents balcons, composé par Gabriel Bonthomme, maître serrurier, 1775. *A Paris, chez Crépy*. Suite complète de 6 pièces in-fol., en ff.

Belles épreuves à grandes marges.

35. — Livre de huit différends balcons, composé par Gabriel Bonthomme, maître serrurier, rue St-Jacques. — Livre de Dix balcons, *Bonthomme inv. A Paris, chez Fr. Chéreau*, in-8, en ff.

2 suites complètes, marquées G et H, de pièces rares non citées par Guilmard. Ensemble 18 pièces.

36. **Boucher** (François). Livre d'Académies dessinées d'après le naturel par François Boucher, peintre du Roy.

— Têtes d'expression. *A Paris, Chez Huquier.* 18 pièces d'une suite de 24 estampes gravées par La Rue. In-fol., en ff.

Belles épreuves avec marges.

37. **BOUCHER FILS** (LIVRE DE MEUBLES et de décoration intérieure et extérieure). *Paris, Le Père et Avaulez*, s. d. (vers 1772). Petit in-fol., en ff.

165 planches gravées par Dupain, Pelletier, Bichard, etc., d'une suite de 390 pièces donnant d'intéressants spécimens de meubles et de décorations de style Louis XVI. Marges inégales : quelques planches rognées, collées en plein ou tachées.

38. — DEUXIÈME RECUEIL DE DÉCORATION INTÉRIEURE ET EXTÉRIEURE. *Paris, Chéreau*, 1774, petit in-fol , en ff.

51 pièces d'une suite de 60 planches gravées par Berthault, de La Gardette, Coupeaux, Bichard, Duval.
Quelques planches sont rognées ou tachées.
On y a joint 3 pièces doubles.

39. **Boxhornius** (Marcus Zuerius). Monumenta illustrium virorum et elogia. Cura ac studio... *Amstelodami*, 1638, in-4, figures sur cuivre, veau ant., dos orné, tr. rouge.

40. **Brabantia illustrata** sive Castella et Praetoria nobilium Brabantiae, Cenobiaque ad Vivum delineata. *Londini, Davidem Mortier*, s. d. (fin du XVIIe s.), 2 tomes en un vol. in-4 oblong, veau ant., dos orné, tr. rouge.

Recueil de 192 planches gravées sur cuivre donnant des vues perspectives des châteaux du Brabant, avec les armoiries des familles nobles,

41. **Bretez** (Louis). Plan de Paris commencé l'année 1734, dessiné et gravé sous les ordres de Messire Michel-Étienne Turgot, marquis de Sousmons, etc. Levé et dessiné par Louis Bretez, gravé par Claude Lucas. *Paris*, 1739, in-fol., demi-bas. viol. (*Rel. mod.*)

21 planches gravées, dont un plan d'assemblage.
Tirage postérieur.

42. **BRISEUX** (C. E.). L'ART DE BATIR DES MAISONS DE CAMPAGNE. ... *A Paris, chez Prault père*, 1743, 2 vol. in-4, veau marbré, dos orné, tr. rouge. (*Rel. anc.*)

260 planches gravées sur cuivre par Babel et autres.
La planche 61 manque.

*

43. **Broderie**. Modèles de broderie, environ 40 pièces grand in-folio, publiées chez Charpentier, chez Daumont et chez Mondhare (fin du XVIIIe siècle).

44. **Bullant** (Jehan). Reigle generalle d'Architecture des cinq manières de colonnes, à scauoir, Tuscane, Dorique, Ionique, Corinthe et Cōposite : et enrichi de plusieurs autres... suivant les reigles et doctrine de Vitruve. *A Paris, de l'Imprim. de Hierosme de Marnef*, 1568, in-fol., demi-chag. brun. (*Rel. mod.*)

Figures sur bois.

45. — Reigle générale d'architecture des cinq manières de colonnes, à sçauoir, Tuscane, Dorique, Ionique, Corinthe et composite, à l'exemple de l'Antique suivant les reigle et doctrine de Vitruve. Revue et corrigée. Seconde et dernière édition. *A Paris, en la boutique de Hierosme de Marnef, chez André Sittart*, 1619, in-fol., demi-maroq. vert. (*Rel. mod.*)

Figures sur bois.

46. **Caillouet**. Serrurerie, balcons, grilles. 6 pièces dépareillées gravées par Foin et de Saint-Morien. In-fol., en ff.

47. **Camées antiques** dessinés par Élisabeth Chéron le Hay. 40 planches, in-4, avec marges.

48. **Cartouches**, encadrements, frontispices. 10 pièces in-fol., anonymes (fin du XVIIIe siècle).

49. **Caumont** (de). Abécédaire ou rudiment d'archéologie. *Paris et Caen*, 1851-1853, 2 vol. in-8, figures, demi-chag. rouge, dos orné, tr. jas.

Architecture religieuse (2e édit.), 1 vol. — Architecture civile et militaire, 1 vol.

50. **Chambray** (de). Parallèle de l'architecture antique et de la moderne, avec un recueil des dix principaux autheurs qui ont écrit des cinq ordres; scauoir, Palladio et Scamozzi, Serlio et Vignola, Barbaro et Cataneo, Alberti et Viola, Bullant et de Lorme comparez entre eux. *Paris, Edme Martin*, 1650, in-fol., planches, demi-bas. marbrée. (*Rel. mod.*)

51. **Chapuy.** *Le Moyen Age pittoresque.* Monuments et fragments d'architecture, meubles, armes, armures et objets de curiosité du xe au xviie siècle. Avec un texte archéologique, descriptif et historique, par M. Moret. *Paris, Weith et Hauser*, 1837-1840, 5 vol. in-fol., demi-bas. de l'époque, tr. jas.

Planches lithographiées.

52. — Le Moyen Age monumental et archéologique. Texte historique par Daniel Ramée. *Paris, Hauser*, 1843, 3 vol. in-fol., demi-chag. vert, planches montées sur onglets.

Important recueil de plus de 400 planches lithographiées, donnant des vues perspectives, plans et détails de monuments du Moyen Age et de la Renaissance tant français qu'étrangers.

53. **Châteaux de France.** Vues et plans des châteaux et parcs de Versailles, Trianon et Marly. 18 pièces in-fol. ou in-4, en ff.

54. — Vues et plans des châteaux et parcs de Saint-Germain et Fontainebleau. 8 pièces gravées par Israel Silvestre et Dorbay. In-fol., en ff.

55. — Vues et plans des châteaux de Vincennes, Saint-Cloud, Meudon, Compiègne, Chantilly, Blois, Monceaux, Marimont, Bourges, etc. 18 pièces in-fol., par Israël Silvestre, Brissart, Mariette, de Fer, etc.

On y a joint un plan de la Bastille et une vue de l'École militaire.

56. **Choix de peintures** inédites, tirées d'Herculanum et de Pompéi. *Paris, Lecomte*, 1840, in-fol., demi-chag. rouge, tr. jas.

26 planches coloriées.

57. **Clérisseau** et **Legrand.** Antiquités de la France. Le texte historique et descriptif par J. G. Legrand. *Paris, Didot*, 1884, 2 vol. in-fol. cartonnés, non rognés.

Monuments de Nimes. Tout ce qui a paru de cet ouvrage qui comprend un texte de 139 pages et 63 planches gravées sur cuivre.

58. **Clochar** (P.). Palais, maisons et vues d'Italie, mesurés et dessinés par P. Clochar, architecte. *Paris*, 1809, in-fol., demi-percal. verte, tr. jas.

Titre orné d'une vignette et 102 planches gravées.

59. **Cornille.** Retables d'autels, portes cochères, alcôves, décorations d'églises, etc. 26 pièces d'une suite de 30 planches gravées par Monchelet. In-fol., en ff.

On y a joint 3 pièces doubles et une copie. Ensemble 30 pièces.

60. **Costaguti** (Gio.-Bat.). Architettura della Basilica di S. Pietro in Vaticano. *In Roma*, 1684, in-fol. cartonné.

33 planches, y compris le frontispice et 2 planches non numérotées.

61. **Daviler.** Cours d'Architecture qui comprend les ordres de Vignole, avec des commentaires, les figures et descriptions de ses plus beaux bâtiments et de ceux de Michel-Ange... et tout ce qui regarde l'art de bâtir, 1 vol. — Explications des termes d'architecture, 1 vol. *A Paris, chez Mariette*, 1710, ensemble 2 vol. in-4, planches, rel. veau ant.

62. **Delafosse** (J.-Ch.). Iconologie et suite à l'Iconologie. Environ 85 p. dépareillées, la plupart en mauvais état de conservation.

63. — Suite à l'Iconologie; 2e recueil. 33 pièces des cahiers AA à FF. In-fol., en ff.

Épreuves rognées et tachées.

64. — 3e livre de Trophées représentant divers attributs militaires. *A Paris, chez Daumont.* Suite complète de 5 pièces gravées par Le Canu et Tardieu.

Belles épreuves à toutes marges.

65. **Delorme** (Philibert). Nouvelles inventions pour bien bastir et a petits fraiz, trouvées naguère par Philibert de L'orme, Lyonnois, architecte, conseiller et aulmonier ordinaire du feu Roy Henry. *A Paris, de l'Impr. de Frédéric Morel*, 1561, in-fol., figures sur bois, veau ant.

Piqûres de vers.

66. — Le premier tome de l'Architecture de Philibert de L'Orme, conseiller et aumosnier ordinaire du Roy. *A Paris, chez Frédéric Morel*, 1567, in-fol. rel. veau. (*Rel. anc*)

Figures sur bois.

67. **Deroy.** Les rives de la Loire dessinées d'après nature et lithographiées par Deroy en 50 vues avec carte du cours de ce fleuve. *Paris, Motte,* 1836, in-4 obl., demi-bas, verte, tr. jas.

Titre frontisp., et 50 pl. lithographiés.

68. **Descriptions des Arts et Métiers** faites ou approuvées par MM. de l'Académie Royale des sciences de Paris. Nouvelle édition, publiée avec des observations... par J.-E. Bertrand. *Neuchâtel,* 1771-1780, 8 vol. in-4, planches, rel. veau anc., dos orné, tr. rouge.

Tomes I, II, IV, VI, XI, XII, XVI et XVII.

69. **Desgodetz** (Antoine). Les Édifices antiques de Rome, dessinés et mesurés très exactement, par Antoine Desgodetz. *A Paris, chez J.-B. Coignard,* 1682, in-fol., veau ant., dos orné.

Planches gravées sur cuivre.

70. — Traitté du Toisé des Batimens, aux Us et Coutumes de Paris, par Mr. Desgodets, professeur en l'Académie Royalle d'architecture. Recueilli sur les Minutes de l'auteur du présent Traitté, par Claude Martin Goupy. Avec supplément. *Anno* 1762, in-4, demi-veau ant., dos orné, tr. rouge.

Manuscrit de l'époque composé de 133 feuillets, avec supplément de 23 ff., d'une belle écriture très lisible, orné de dessins démonstratifs dans et hors texte.

71. **Dessins du XVIIIe siècle.** Ornements de style rocaille, modèles de dessin, figures, animaux, fleurs. Environ 110 dessins à la sanguine, montés dans un album in-fol., demi-rel.

72. **Dôme de Milan** (Le), représenté en soixante-dix planches, avec description analogue. Précédée d'une notice historique. *Milan,* 1881, in-fol., percal. artist. de l'édit., fers spéciaux, monté sur onglets.

1re édition française.

73. **Donaldson** (Thomas Leverton). Collection des exemples les plus estimés des Portes monumentales de la Grèce

et de l'Italie, précédée d'un essai sur les usages des anciens concernant les portes monumentales... Publié par Thiollet et Édouard Simon, d'après l'ouvrage anglais publié à Londres en 1833. *Paris, Bance*, 1837, in-4 de 48 pages et 25 planches, cartonné demi-toile.

74. **DU CERCEAU.** De Architectvra, Iacobi Androvetii du Cerceau, Opus, quo descriptae sunt aedificiorum quinquaginta planè dissimilium ichnographiae... *Lvtetiae Parisiorum*, 1559, in-fol., demi-bas. fauve (*Rel. fatiguée.*)

16 ff. de texte et 69 planches sur cuivre (numérotées 1 à 50). Piqûres de vers; plusieurs ff. sont rongés dans la marge du bas.

75. — Second livre d'Architecture par Jacques Androuet Du Cerceau, contenant plusieurs et diverses ordonnances de Cheminées, lucarnes, portes, fontaines... Avec les dessins de dix sépultures toutes différentes. *A Paris, imprimé pour Jacques Androuet Du Cerceau*, 1561, in-fol., 66 (au lieu de 68) planches, relié veau anc.

On a relié dans ce vol., du même :

Leçons de Perspective positive. Paris, Mamert Patisson, 1676, in-fol. de 11 ff. de texte et 60 planches.

76. — LE PREMIER (et second) VOLUME DES PLUS EXCELLENTS BASTIMENTS DE FRANCE. Auquel sont designez les plans de quinze Bastiments et de leur contenu : ensemble les élévations et singularitez d'vn chascun, par Iaqves Androvet Dv Cerceav, architecte. *A Paris, pour ledit Jacques Androuet du Cerceau*. 1579-1607, 2 tomes en 1 vol. in-fol., demi-bas. marbrée. (*Rel. mod.*)

Le tome II porte la date de 1579 et le tome Ier 1607; 2 planches interverties; une planche déchirée et réparée. Mouillure.

77. — Livre d'Architecture de Iacques Androvet du Cerceau, auquel sont contenues diverses ordonnances de plants et éleuations de Bastiments pour Seigneurs, gentilshommes et autres qui voudront bastir aux champs... *A Paris, chez la Vefue François Langlois*, 1648, in-fol., veau ant., dos orné, tr. rouge.

Figures sur cuivre.

78. **Durand** (J. N. L.). Précis des leçons d'Architecture données à l'École Polytechnique. *Paris, Bernard*, 1802-

1805, 2 tomes en 1 vol. in-4, demi-bas., pièces en coul. (*Rel. de l'époque.*)

Avec 64 planches gravées : ordres d'architecture, combinaisons, édifices divers.

79. **Du Viviers.** Cartouches de forme rectangulaire. 6 pièces in-8 en ff.

80. **Encyclopédie méthodique.** Architecture, par M. Quatremère de Quincy. *Paris, Panckoucke,* 1791-1828, 3 vol. in-4 à 2 col., demi-chag. viol., tr. jas.

Nous y joignons l'ouvrage suivant, du même auteur :

De l'Architecture égyptienne, considérée dans son origine, ses principes et son goût, et comparée sous les mêmes rapports à l'Architecture grecque. *Paris, Barrois,* 1803, in-4 avec 18 planches, broché.

81. **Fay** et **Tibesar.** Arabesques à l'usage des artistes. *A Paris, chez Mondhare et Jean,* in-fol., en ff.

24 pièces provenant de différentes suites. Quelques doubles.

82. **Félibien.** Des principes de l'Architecture, de la Sculpture, de la Peinture et des autres arts qui en dépendent. Avec un dictionnaire des termes propres à chacun de ces Arts. 2e édition. *A Paris, chez J.-B. Coignard,* 1690, in-4, fig., veau ant.

On y a joint, du même auteur, l'ouvrage suivant :

Recueil historique de la vie et des ouvrages des plus célèbres architectes. *Paris,* 1687, in-4, veau ant.

83. **Félibien** et **Lobineau.** Histoire de la Ville de Paris, composée par D. Michel Félibien, revue, augmentée et mise au jour par Guy. Alexis Lobineau. *Paris, Guillaume Desprez,* 1725, 5 vol. in-fol., planches, demi-vélin blanc, tr. rouge.

84. **Ferrerio** et **Falda.** Palazzi di Roma de piu celebri architetti. *Roma, Rossi,* s. d. (vers 1690), 2 tomes en 1 vol. in-fol. oblong., cart. demi-toile.

105 planches, dont 61 pour le tome 1er, par Pietro Ferrerio et 44 pour le tome 2, par Gio.-Bat. Falda.

Plusieurs sont rognées au cadre.

85. **Fischer** (Joh.-Bern.). Essai d'une architecture historique, ou recueil de bâtiments antiques, avec des explications en allemand et en français. *Leipzig*, 1725, in-fol., veau ant., dos orné.

Nombreuses planches gravées sur cuivre, avec leur explication en allemand et en français, accompagnées d'un texte historique en français. Les titres sont en allemand.

86. **Flandrin** (Hippolyte). Frise de la nef de l'église de Saint-Vincent de Paul, peinte par Hippolyte Flandrin, *Paris, Haro*, s. d., in-fol. oblong, cart. demi-toile. (*Dérelié.*)

14 lithographies du maître, d'après ses peintures.

87. **Fontana** (Carlo). Il tempio vaticano e sua origine... Tradotta in lingua latina da Gio : Gius : Bonnerue de S. Romain. *In Roma, G.-Franc. Buagni*, 1694, fort vol. in-fol., demi-bas. ant., tr. rouge.

Texte latin avec la traduction italienne en regard, orné de planches gravées dont plusieurs doubles.

88. **Formentin** (Ch.). E. Meissonier, sa Vie, son Œuvre. Vingt gravures nouvelles hors texte et une eau-forte dans le texte, d'après les principaux tableaux du maître. *Paris, Soccard*, 1901, in-fol., en carton.

89. **Fragonard** (Honoré). Sujets religieux ou mythologiques. 18 pièces gravées à l'eau-forte, par ou d'après Fragonard.

90. **Gailhabaud** (J.). Cahiers d'Instructions relatives à l'architecture, la sculpture, les meubles, les armes, les ustensiles et la musique de l'Antiquité et du Moyen Age. *Paris, Baudry*, 1846, in-4, fig., br., couv. (*Piqûres.*)

91. — Monuments anciens et modernes, collection formant une histoire de l'architecture des différents peuples à toutes les époques. *Paris*, 1850, 4 vol. in-4, 400 pl., rel. demi-chag. rouge avec coins.

92. **Garnier** (Édouard). La Porcelaine tendre de Sèvres. 50 planches reproduisant 250 motifs en aquarelle, d'après les originaux. Avec une notice historique. *Paris, Quantin*, s. d., in-fol., en carton.

49 planches en couleurs (sur 50). Les pages 21 à 24 incl., manquent.

93. **Gauthier** (P.). Les plus beaux édifices de la ville de Gênes et de ses environs. *Paris*, 1832, 2 tomes en 1 vol. in-fol., planches gravées, demi-chag. rouge, dos orné.

Le titre du tome 1er manque.

94. **Gell** et **Gandy**. Vues des ruines de Pompéi, d'après l'ouvrage publié à Londres en 1819, par sir William Gell et J.-P. Gandy, architecte, sous le titre de *Pompeiana*. *Paris*, *Didot*, 1827, in-4, planches gravées, demi-veau brun, tr. jas. (*Déboîté de la rel.*)

Nous y joignons un manuscrit de plus de 300 pages d'une écriture très lisible, écrit vraisemblablement vers 1820, et se rapportant au même sujet,

95. **Giardini**. Modèles d'orfèvrerie religieuse et civile. 21 pièces in-fol., en ff.

96. **Gilbs** (James). A Book of architecture, containing designs of buildings and ornaments. The Second Edition. *London*, 1739, in-fol., 150 planches, veau marbré, dos orné, tr. rouge.

On a relié dans ce volume, du même auteur : *Rules for drawing the several parts of architecture*... Second edition. London, 1738, 64 pl.

97. **Girault de Prangey**. Monuments Arabes et Moresques de Cordoue, Séville et Grenade, dessinés et mesurés en 1832 et 1833. *A Paris, chez Weith et Hauser*. In-fol., demi-chag. vert, plats toile, tr. jas.

Planches lithographiées.

98. **Granjean de Montigny** et **Famin**. Architecture Toscane, ou palais, maisons et autres édifices de la Toscane. Nouvelle édition augmentée de 24 planches. *A Paris, chez Salmon*, 1846, in-fol., demi-percal. verte, tr. jas.

131 planches gravées au trait.

99. **Guillaume** (Edmond). Le Temple de Rome et d'Auguste à Ancyre, Extrait de l'exploration archéologique de la Galatie par Perrot, Guillaume et Delbet. *Paris, Didot*, 1872, in-fol., demi-chag. rouge avec coins.

18 pages de texte et 14 planches.

100. **Habermann.** Décorations intérieures, meubles, cheminées, portes. 15 pièces in-fol. en ff.

Belles épreuves avec marges. Une est déchirée.

101. — Décorations d'églises, buffets d'Orgues, Autels, chaires à prêcher. 15 pièces in-fol., en ff.

Belles épreuves avec marges.

102. **Hauer.** Dessins à l'usage des artistes; meubles, alcôves, serrurerie, portes, poêles, fontaines, etc. Environ 34 pièces in-4 dessinées et gravées par J. F. Hauer.

103. **Heckel** (Aug.). Fleurs en bouquets. Suite de 6 pièces dessinées et gravées par Aug. Heckel, et publiées par Vivarez, 1762. Cahier in-fol., br.

Belles épreuves avec marges.

104. **Herculanum et Pompéi.** Recueil général des peintures, bronzes, mosaïques, etc. Augmenté de sujets inédits gravés au trait sur cuivre, par H. Roux aîné, et accompagné d'un texte explicatif par M. L. Barré. *Paris, Didot*, 1840, 8 vol. in-4, cartonné, non rog.

Le 8e vol. contient le musée secret. — Nombreuses planches; quelques-unes sont détachées de la reliure.

105. **Hoefnagel.** Diversae Insectarum Volatilium, 1630. Suite de 16 pièces gravées par Visscher.

On y a joint un cahier de 16 pièces anonymes, tirées sur 8 feuilles, représentant des oiseaux et des fleurs.

106. **Hopfer** et **Virgile Solis.** Panneaux décoratifs, modèles d'orfèvrerie, motifs d'architecture et de décorations, allégories, frises. 14 pièces de divers formats.

107. **Horlogerie.** 35 pièces anciennes et modernes : dessins, gravures, photographies, représentant des horloges et pendules de différents styles.

On y a joint un extrait de l'*Encyclopédie* contenant 60 planches sur l'horlogerie.

108. **Jacoubet** (Ch.). Atlas général de la ville, des faubourgs et des monuments de Paris, par Th. Jacoubet.

Gravé par Bonnet. *Paris*, s. d. (1837), in-fol., demi-veau viol., monté sur onglets. (*Rel. de l'époque.*)

54 planches.

109. **Jacoubet.** Plan de Paris. Extrait du grand Atlas de la ville de Paris en 54 feuilles. Comprenant la circonscription des 20 arrondissements et celle des 80 quartiers. *Paris*, 1860, très grand in-fol., demi-rel.

Incomplet de 7 planches.

110. **Jardins et Treillages.** Portiques, terrasses, labyrinthes, fontaines, etc. Environ 60 planches in-fol.

111. **Jombert.** Architecture Moderne, ou l'art de bien bâtir pour toutes sortes de personnes, tant pour les maisons des particuliers que pour les palais. *A Paris, chez Claude Jombert*, 1728, 2 vol. in-4, planches, veau ant., dos orné, tr. rouge.

112. **Journal pour Rire.** Journal d'images, journal comique, critique, satirique et moqueur. Dirigé par Ch. Philipon, fondateur du Charivari, etc., etc. De l'origine, 5 février 1848, au 26 décembre 1851 inclus. *Paris, Aubert et Cie*, 1848-1851, 130 numéros reliés en 4 vol. gr. in-fol., percal. grenat de l'époque.

Le n° 156 (24 janv. 1851) manque.
Les 13 derniers nos sont d'un plus petit format.
Journal rempli de dessins de Gustave Doré, Bertall, Nadar, Janet, Damourette, Morin, etc.

113. **Krafft** (J. Ch.). Portes Cochères, portes d'entrée, croisées, balcons, entablements et détails de menuiserie et de serrurerie, des édifices les plus remarquables de Paris. *Paris, de l'Imprimerie de J. L. Scherff*, 1809-1810, 2 tomes en un vol., in-4 obl., planches gravées, demi-bas. rac. (*Rel. de l'époque.*)

Textes français, anglais et allemand.

114. **La Divine Comédie** de Dante Alighieri : L'Enfer, le Purgatoire et le Paradis. Recueil de Cent onze compo-

sitions par A. V. Sturler, peintre d'histoire. *Paris, Didot*, 1884, 3 vol. in-fol., en cartons.

Tirage à 100 exemplaires numérotés (n° 83).
111 reproductions fac-simile des compositions de Sturler accompagnées de notices.

115. **La Guertière**. Recueil des Grotesques de Raphaël d'Urbin, peintes dans les loges du Vatican à Rome. 14 pièces, d'une suite de 17 planches. In-fol., en ff.

116. **Lamour** (Jean). Recueil des Ouvrages en Serrurerie, que Stanislas le Bienfaisant, Roy de Pologne, duc de Lorraine et de Bar, a fait poser sur la place royale de Nancy, à la gloire de Louis le Bien-Aimé. *Nancy, chez Nicolas Digout*, s. d., in-fol., demi-bas. rose.

Réimpression, en lithographie, de l'édition du XVIIIe siècle.

117. **Lavallée-Poussin**. Nouvelle collection d'Arabesques, propres à la décoration des appartements; dessinées à Rome par Lavallée-Poussin et autres célèbres Artistes modernes, et gravées par Guyot. Précédée d'une Notice historique sur le genre Arabesque et d'une explication raisonnée des planches de la Collection, par M. Alexandre Le Noir. *A Paris, chez Treuttel et Würtz*, in-4 de 12 pp. de texte et 40 planches gravées, rel. demi-percal. verte.

118. **Législation du Bâtiment**. Réunion de 22 volumes anciens et modernes relatifs à la législation du Bâtiment et autres. In-4 et in-8 reliés et brochés.

Manuel des lois du Bâtiment. Formules d'actes. Recueil d'arrêts. Lois sur la voirie, etc., etc.

119. **Le Muet** (Pierre). Manière de Bastir pour toutes sortes de personnes. *Paris, Melchior Tavernier*, 1623, in-fol., planches gravées, rel. veau ant.

Nous y joignons un 2e exemplaire de la seconde édition ne contenant que 8 planches (sur 21) pour la 2e partie. In-fol. cartonné. (Mouillure.)

120. **Lepautre** (Antoine). Les Œuvres d'architecture d'Anthoine Le Pautre, architecte ordinaire du Roy. *Paris, Jombert*, s. d. (1652), in-fol., veau ant.

60 planches, y compris les frontispices ; le portrait manque.

121. **Le Rouge.** Description de Chambord, dont le modèle en carton, de six pieds de long sur cinq pieds de large, a été présenté au Roy, par le S[r] Le Rouge, Ing[r] Géographe en septembre 1750. *A Paris, chez Le Rouge*, 1750, gr. in-fol. demi-bas. rouge. (*Rel. mod.*)

14 planches dont 1 pour la description historique, 2 grandes vues perspectives, et 11 pour les plans et détails, 3 planches sont remontées et réparées.

122. — Jardins Anglo-Chinois. *A Paris, chez Le Rouge*, 1777-1787, 6 cahiers in-fol., brochés.

Cahiers 1, 2, 3, 6, 7 et 18, contenant ensemble 155 planches : plans de jardins, parterres de broderie, treillages, etc., parmi lesquels Marly, Bellevue, Trianon, Ermenonville, etc.

123. **LETAROUILLY** (P.). **Édifices de Rome moderne**, ou recueil des palais, maisons, églises, couvents et autres monuments publics et particuliers les plus remarquables de la ville de Rome. *Paris, Bance*, 1856-1860, 4 vol., dont 1 in-4 de texte illustré, et 3 in-fol. de planches, rel. demi-percal. verte, tr. jas.

355 planches gravées, avec le portrait de l'auteur et le plan de Rome.

124. **Mansart** (Jules-Hardouin). Plans, élévations et coupes du château de Clagny, 1678, 8 planches gravées par Michel Hardouin. *A Paris, chez Mariette*, in-fol., en ff.

125. **Manuel des lois du Bâtiment.** 3e édition revue et considérablement augmentée. *Paris, Delarue*, 1901, 3 vol. grand in-8, fig., demi-chag. vert, tr. jas.

126. **MARIETTE. L'Architecture française**, ou Recueil des plans, élévations, coupes et profils des églises, palais, hôtels et maisons particulières de Paris, et des chasteaux et maisons de campagne ou de plaisance des environs, et de plusieurs autres endroits de France. *A Paris, chez Jean Mariette*, 1727, en 3 vol. in-fol., dérelиés.

Recueil factice de 310 pièces, dont 100 planches de décoration intérieure : lambris, portes, cheminées, plafonds, serrurerie, etc.

127. **MAROT** (Jean). Recueil des plans, profils et élévations de plusieurs palais, chasteaux, églises, sépultures, grotes et hostels bâtis dans Paris et aux environs, avec beaucoup de magnificence, par les meilleurs architectes du Royaume, desseignez, mesurés et gravez, par Jean Marot, architecte parisien. *A Paris, chez Mariette*, s. d., in-4, veau ant., dos orné, tr. marb.

Recueil connu sous le nom de *Petit Marot*, comprenant 115 planches, y compris le frontispice.

128. — **Architecture française**. Plans, élévations, coupes et détails de palais, châteaux, hôtels particuliers, églises, etc., existant à Paris ou aux environs sous le règne de Louis XIV. In-fol., en ff.

Recueil factice d'environ 190 pièces, la plupart à grandes marges. Quelques doubles.

129. — **Le Magnifique Chasteau de Richelieu**, en général et en particulier, ou les plans, les élévations et profils généraux et particuliers dudit Chasteau... Gravé et réduit au petit pied, par Jean Marot. *Paris*, s. d. (vers 1690), in-fol. obl., demi-bas. marbrée. (*Rel. mod.*)

Recueil comprenant 3 ff. doubles pour le titre, la dédicace et l'avis au lecteur et 19 planches gravées. Mouillures.

130. **Meissonnier** et **Cuvilliès**. Ornements, panneaux décoratifs, cheminées, cartouches, 20 pièces in-fol.

131. **Menuiserie, Charpente, Coupe des pierres**. Réunion de 6 volumes : Traité de la Charpenterie, par Emy, 1837-1841, 2 vol. in-4 et atlas in-fol., demi-rel. — Traité de la Coupe des pierres, par Simonin, 1792, in-4, fig., br. — Elementary principles of Carpentry, by Tredgold. *London*, 1820, in-4, fig., br. — Détails des ouvrages de Menuiserie pour les Bâtiments, 1778, in-8, fig. rel. veau.

132. **Millin** (Aurin-Louis). Antiquités Nationales, ou recueil de Monuments pour servir à l'histoire générale et particulière de l'Empire français... *Paris, Drouhin*, 1790-1798, 5 vol. in-4, rel. cuir de Russie, dos orné, tr. granitée.

Nombreuses planches.

133. **Monnoyer** (Baptiste). Fleurs d'après nature. 14 pièces in-4 et in-fol., provenant de différentes suites.

134. **Montano** (Gio.-Bat.). Architettura con diversi ornamenti cavati dall' antico, 42 planches. — *Libro secondo :* Scielta di varii tempietti antichi, 50 planches. — *Libro terzo :* Raccolta de Tempii e sepolcri, 49 pl. *Roma, de Rossi,* 1684, in-fol., demi-bas. anc., tr. rouge. (*Rel. fatiguée.*)

141 planches gravées y compris 3 titres et 2 portraits.

135. **Monuments historiques** (Archives de la Commission des). Publiées par ordre de S. E. M. Achille Fould, ministre d'État. *Paris, Gide et Baudry,* 1855-1872, 4 tomes en 3 vol. in-fol. demi-chag. grenat, montés sur onglets.

Plus de 200 planches gravées ou en couleurs, donnant les plans, coupes, élévations et détails des plus beaux spécimens de l'Architecture française du Moyen Age et de la Renaissance.

136. **Moreau**. Nouveau recueil de Serrurerie dans le plus nouveau goût. Inventé et dessiné par Moreau. *A Paris, chez Mondhare,* 1762, 5 pièces gravées par Pelletier, in-fol., en ff.

Belles épreuves avec marges. Non citées par Guilmard.

137. **Narjoux** (Félix). Architecture Communale : Hôtels de ville, mairies, maisons d'école, salles d'asile, etc. Avec une Préface de Viollet-le-Duc. *Paris, Morel,* 1870, 2 vol. in-4, 150 planches gravées, en cartons.

138. **Neufforge** (de). Recueil élémentaire d'architecture, 1757-68, 50 planches dépareillées extraites de l'ouvrage. In-fol. en ff.

139. **Nielles.** Sujets religieux en très petit format. 19 pièces.

140. — Ornements pour l'Arquebuserie et autres instruments de chasse. Environ 250 pièces, anciennes et modernes, montées sur dix feuilles.

141. **Nouveau Recueil** de fruits, fleurs et plantes utiles aux dessinateurs. *A Paris, chez Charpentier,* 1749, suite

de 54 pièces, formant 5 cahiers marqués A. et E., les 4 premiers de 12 planches chacun, et le 5e de 5 planches. In-fol., cart. (Quelques taches.)

142. **Oppenort.** Livre de Fragments d'Architecture (Petit Oppenort). 33 planches dépareillées. Petit in-4 en ff.

143. **Ornements de peinture** et de sculpture qui sont dans la Galerie d'Apollon au Château du Louvre et dans le grand appartement du Roy au palais des Tuileries. Dessinez et gravez par les Srs Bérain, Chauveau et Le Moine. *S. l. n. d.*, in-fol., demi-veau marbré, tr. jas.

Recueil de 29 planches, y compris le titre.

144. **Ornements XVIe et XVIIe siècles.** Petits sujets pour l'émaillerie, Décorations intérieures d'après D. Marot, Divinités marines par Maglioli, etc. Environ 40 pièces.

145. **Ornements.** Décorations intérieures, cheminées, lambris, meubles, portes, décorations d'église, etc. 58 pièces in-fol., par Lalonde, de Puisieux, Cottard, Le Canu, Le Roux, Francard, etc. En ff.

146. — Ornements, décorations intérieures, cheminées. lambris, serrurerie. Environ 50 planches par Le Pautre, Marot et autres. Remontées sur papier et rel. en 3 albums in-4, toile verte.

147. **Palladio.** Les quatre livres de l'Architecture d'André Palladio, mis en François. *A Paris, de l'Impr. d'Edme Martin*, 1650, in-fol., figures sur bois, demi-bas. marbrée, tr. jas. (*Rel. mod.*)

148. — Œuvres complètes. Nouvelles éditions contenant les quatre livres avec les planches du grand ouvrage d'Octave Scamozzi, et le traité des termes. Le tout rectifié et complété..., par Chapuy et Amédée Beugnot, *Paris, A. Corréard*, 1825, 3 vol. in-fol., dont 2 de planches, rel. demi-veau bleu, dos orné, tr. jas.

149. **Parasacchi** (Domenico). Raccolta delle principali Fontane dell' Inclitta Città di Roma dessegnate et inta-

gliate da Domenico Parasacchi, con la nova Agiunta dis^e^ da Gii olamo Felice, Romano, et intag. da Pietro Miotte, Borgh. *Romæ*, 1647, in-4, fig. sur cuivre, rel. vélin blanc (*Rel. anc.*)

Fontaines de Rome.

150. **Patte.** Monuments érigés en France à la gloire de Louis XV..., suivis d'un choix des principaux projets qui ont été proposés pour placer la statue du Roi dans les différents quartiers de Paris. *A Paris, chez l'auteur*, 1765, in-fol., avec 57 planches gravées sur cuivre, veau ant., dos orné, tr. rouge.

151. — Mémoires sur les objets les plus importants de l'Architecture. Ouvrage enrichi de nombre de planches gravées en taille-douce. *A Paris, chez Rozet*, 1769, in-4, planches, veau ant., tr. rouge.

152. **Percier** et **Fontaine.** Recueil de décorations intérieures, comprenant tout ce qui a rapport à l'ameublement, comme vases, trépieds, candélabres, etc. *A Paris, chez les auteurs*, 1812, in-fol., demi-percal. verte, tr. jas.

72 planches gravées au trait, avec un texte de 43 pages.

153. **Perelle.** Diverses vues des Maisons Royales, par Perelle. *Paris, Jombert*, s. d., in-4, veau anc., planches sur onglets.

Recueil factice de plus de 90 planches. Versailles, Meudon, Trianon, Saint-Cloud, Fontainebleau, etc.

154. **Perelle** et autres. Recueil factice de 45 pièces montées sur papier blanc et reliées en un album in-4, toile viol.

Vues de Versailles, les Tuileries, le Raincy, Monceaux, etc.

155. **Perspectivae** pictorum atque architectorum. II pars. *Augsburg*, s. d., in-fol., fig., demi-rel. — Le due Regole della Prospettiva pratica di Iac. Barozzi da Vignola. *Roma*, 1611, in-fol., fig., vélin blanc, rel. anc. Ensemble 2 vol.

156. **Petit** (Victor). Châteaux de la Vallée de la Loire des XVe, XVIe et XVIIe siècles, dessinés d'après nature et litho-

graphiés. *Paris*, *Boivin*, 1861, 2 vol. in-fol., demi-chag. rouge avec coins, dos orné.

100 belles lithographies.

157. **Pfnor** (Rodolphe). Monographie du palais de Fontainebleau. Accompagnée d'un texte historique et descriptif, par Champollion-Figeac. *Paris, Morel,* 1863, 2 vol. in-fol., demi-chag. viol., coins, montés sur onglets.

150 planches gravées ou en couleurs.

158. — Monographie du Château d'Anet, construit par Philibert de L'Orme en MDXLVIII (1548). *Paris*, 1867, in-fol., planches gravées, demi-chag. Lavall., coins.

159. **Picart** (Bernard). Premier des magnifiques carrosses de Mgr le duc d'Ossuna, ambassadeur de S. M. Philippe V pour la Paix. Faits pour l'entrée publique de S. E. à Utrecht, 1713. *A Amsterdam*, *chez B. Picart*, 1714, in-fol., en ff.

Suite de 7 pièces, dont une double représentant le carrosse entier.

160. **Plan de Paris**. Petit atlas pittoresque des 48 quartiers de la Ville de Paris; par A.-M. Perrot, ingénieur. *Paris*, *Garnot*, 1834, in-4, demi-veau gris, tr. jas.

Plan de Paris en 48 planches, ornées des principaux monuments, avec la nomenclature des rues et un supplément de 8 planches pour la banlieue. Quelques taches.

161. **Post** (Pierre). Les Ouvrages d'architecture ordonnez par Pierre Post, architecte de Leurs Altesses les Princes d'Orange. Dans lesquels on voit les représentations de plusieurs édifices considérables en plans et élévations, avec leurs descriptions. *A Leidè*, *chez Pierre Vander Aa*, 1715, in-fol., veau ant., dos orné.

86 planches (sur 87). La pl. 8 de la Maison de ville de Maestricht manque. Cachets sur le titre.

162. **R. L.** Premier Cahier du recueil d'ornements, rosaces. *A Paris*, *chez Chéreau*, 4 pièces à la manière du crayon, gravées par Mlle Brainclaire.

Épreuves imprimées en sanguine. On y a joint 3 pièces par J.-B. Huèt.

163. **Ranson.** Deuxième cahier de groupes de Fleurs et d'Ornements (cahier B). *A Paris, chez Fr. Chéreau*, suite de 6 p. gravées par Berthault, in-fol., en ff.

Belles épreuves avec marges.

164. — Cadres ornés, trophées, panneaux d'ornements, etc. 16 pièces de différentes suites.

165. **Raphaël.** Sacrae Historiae acta a Raphael Urbin. in Vaticanis Xystis ad picturae miraculum expressa Nicolaus Chapron. *Paris, Mariette*, in-fol. oblong, demi-chag. rouge. (*Rel. mod.*)

54 planches gravées par Chapron, d'après Raphael.

166. **Recueil de planches** sur les sciences et les arts libéraux. *Paris*, 1762.

Quelques centaines de planches extraites de l'*Encyclopédie* de Diderot et d'Alembert : Architecture des théâtres, antiquités, travail du chanvre, anatomie humaine, raffinerie de sucre, fabrique de tabac, armurier, artificier, etc.

167. **Redouté.** Le Bouquet Royal; Œuvre posthume de P. J. Redouté. *Paris*, 1844, in-fol., en ff.

Suite rare, composée du portrait de Redouté, lithographié par Ferogio, et de 4 gravures coloriées représentant des roses, avec la couv. de publication.

168. **Réveil.** Galerie des Arts et de l'Histoire, composée des tableaux et statues les plus remarquables des Musées de l'Europe et des sujets tirés de l'histoire de Napoléon, gravés à l'eau-forte sur acier, par Réveil, et accompagnés d'explications historiques. *Paris, Hivert*, 1836, 8 vol. in-12, nombreuses planches, demi-maroq. vert, dos orné, tr. jaune. (*Rel. de l'époque.*)

169. **Rochette** (Raoul) et **J. Bouchet.** Maison du poète tragique à Pompéi. *Paris, chez les auteurs*, in-fol., demi-chag. vert, tr. jas.

28 pages de texte et 20 planches (sur 22), la plupart en couleurs.

170. **Roland Le Virloys.** Dictionnaire d'Architecture civile, militaire et navale, antique, ancienne et moderne... auquel on a joint une Notice des architectes, peintres,

sculpteurs, graveurs et autres artistes les plus célèbres. *Paris, Libraires Associés*, 1770-71, 3 vol. in-4, veau marbré, dos orné, tr. rouge. (*Rel. anc.*)

171. **Rome**. Reproductions photographiques des peintures de Raphël au Vatican, et d'Annibal Carrache au palais Farnèse. Album in-fol., rel. demi-chag. vert, monté sur onglets.

68 photographies montées sur 43 bristols.
On y a joint un album in-fol. de 6 planches photographiques d'après Bibiena; rel. demi-percal. verte.

172. **Rondelet** (J.). Traité théorique et pratique de l'Art de Bâtir. *A Paris, chez l'auteur*, 1802-1814, 4 tomes en 7 vol. in-4, planches sur cuivre, demi-bas. marbrée, tr. jas.

On y a joint, du même auteur : *Mémoire sur la Marine des Anciens* et sur les navires à plusieurs rangs de rames. 1820, in-4 de 79 pp., et 8 planches, gravées, demi-bas. marb., tr. jas.

173. **Roubillac**. Études de fleurs. *A Paris, chez Mondhare*, 7 pièces provenant de différentes suites. In-fol., en ff.

Belles épreuves avec marges.

174 **Rouyer** et **Darcel**. L'Art architectural en France depuis François Ier jusqu'à Louis XVI. Motifs de décoration intérieure et extérieure dessinés d'après des modèles exécutés et inédits des principales époques de la Renaissance. *Paris*, 1863-66, 2 vol. in-4, demi-chag. rouge avec coins, dos orné.

200 planches gravées.

175. **Rudolph** (J.-Fr.). Trophées, 6 pièces contenant chacune 3 trophées. In-fol., en ff.

176. **Rusconi** (Gio.-Ant.). I dieci Libri d'Architettura di Gio : Antonio Rusconi, Secondo i precetti di Vitruuio, novamente ristampati, et accresciuti della Prattica degl' Horologi Solari. *In Ventia*, 1660, petit in-fol., figures sur bois, rel. veau ant.

177. **Saint-Aubin** (Charles Germain de). Premier (et deuxième) recueil de chiffres inventés par de Saint-

Aubin, dessinateur du Roy. *A Paris chez la Vve de F. Chereau*, in-fol., en ff.

11 pièces d'une suite de 13 estampes gravées par Marillier (les nos 3 et 9 manquent).
Épreuves tachées.

178. **Saint-Non**. Fragments antiques. 13 pièces gravées à l'eau-forte par Saint-Non 1763. In-fol., en ff.

179. **Scamozzi** (Vincent). Œuvres d'Architecture de Vincent Scamozzi, vicentin, Architecte de la République de Venise, contenues dans idée de l'architecture universelle; dont les règles des Cinq Ordres, que le sixième livre contient, ont été traduites en François, par M. Augustin Charles d'Aviler... Avec les planches originales... *A la Haye, chez Pierre de Hondt*, 1736, in-fol., planches, veau ant., dos orné, tr. rouge.

180. **Serlio.** Den eersten Boeck van Architecturen Sebastiani Serlii tracteerende van Géometrie. *Amsterdam*, 1606, in-fol., fig. sur bois. vélin blanc ant. (*Rel. fatiguée.*)

Edition hollandaise contenant les Cinq livres d'architecture. Cachet sur le titre.

181. **Serrurerie**. Nouveau livre de Rampes d'escaliers et balcons. *A Paris, chez de Poilly*, 1741, 2 cahiers de chacun 6 pièces, in-fol., en ff.

Très belles épreuves à toutes marges et en parfait état de conservation.

182. — Grilles, balcons, rampes d'escaliers, porte de fer du vestibule du château de *Maison*, par Jean Marot, etc. 28 pièces publiées chez Mariette, Le Blond, de Poilly, Basset. In-fol. et in-4, en ff.

183. **Silvestre** (Israël) et autres. Recueil factice de 118 pièces montées sur papier blanc et reliées en un vol. in-4, toile viol.

Vues d'Écouen, Chantilly, Tanlay, Avignon, etc.

184. **Stuart** et **Revett**. Les Antiquités d'Athènes. Ouvrage traduit de l'anglais, par L. F. F., et publié par C. P. Lan-

don, 4 vol. — Les antiquités inédites de l'Attique. Traduit par J. J. Hittorf, 1 vol. *A Paris, de l'impr. de Didot*, 1808-1832, ensemble 5 vol., in-fol., cartonnés, n. rog.

Nombreuses planches gravées.

185. **Studio** (The). Revue mensuelle, avec traduction française. Du 15 octobre 1898 au 15 janvier 1908 inclus (numéros 67 à 178). *Londres*, 1898-1908, 27 vol. in-4, nombreuses illustrations en noir et en couleurs, en 108 livrais., br.

15e à 42e volume. La plupart des titres et tables manquent.

186. **Studio** (The). Revue mensuelle, avec traduction française. Du n° 67 (octobre 1898) au n° 105 (déc. 1901). *Londres*, 1898-1901, 9 vol. in-4, nombr. ill., en 39 livr. br.

Les livraisons 67 à 70 sont reliées en un vol. cartonné toile.

187. **Studio** (Numéros spéciaux du). Réunion de 8 volumes, avec de nombreuses illustrations dans et hors texte, en noir et en couleurs, et la traduction française. *Londres*, 1899-1910, 8 vol., in-4, br.

Le Réveil de la Beauté, 1899. — L'architecture domestique en Angleterre, 1901. — L'Ancienne Société de l'Aquarelle, 1905. — Les Frères Maris, 1907. — Les Manoirs d'autrefois, 1905-06. — Annuaire d'Art décoratif, 1908. — Les pays de croquis, 1909. — Les Vieux Mezzotintes anglais, 1910-1911.

188. **Tassin**. Les plans et profils de toutes les principales villes et lieux considérables de France. Ensemble les cartes générales de chacune province : et les particulières de chaque gouvernement d'icelles. *A Paris, chez Michel Vanlochom*, 1634-1636, 2 tomes en un vol. in-4 obl., vélin blanc à recouvr. (*Rel. anc.*)

Nombreux plans et cartes.

189. **Topographia Galliae** dat is, een Algemeene en naeukeurige Lant en Plaets — beschrijvinghe van het Machtige Koninckrijek Vranckryck. *Amsterdam, Merian*,

1660-63, 4 vol. petit in-fol., fig., veau granit, dos orné, fil., tr. jas. (*Rel. anc.*)

4 frontispices, cartes et nombreuses planches gravés sur cuivre donnant des vues de Paris et des différentes villes des provinces françaises.

190. **Vases.** Deuxième suite de vases antiques d'après Saly et autres. *A Paris, chez Basan*, 10 pièces imprimées sur 5 feuilles. — 5e suite de vases composée de 12 ff. *A Paris, chez Basan*, 1771. — Suite complète de 12 pièces gravées par Adélaïde Allou et P. Nicolet; ensemble 17 pièces, in-4, en ff.

191. **Venise.** Le Fabriche e i monumenti cospicui di Venezia. Illustrata da Leopoldo Cicognara, da Ant. Diedo, e da Giannantonio Selva. Seconda edizione. *Venezia, Antonelli*, 1838-1840, 2 vol. gr. in-fol., demi-chag. vert, dos orné.

Nombreuses planches.

192. **Verniquet.** Atlas du plan général de la ville de Paris, levé géométriquement, par le Cen Verniquet. Divisé en 72 planches dessinées et gravées par les Cens Bartholomé et Mathieu. *A Paris, chez l'auteur*, an IV (1796), in-fol., demi-chag. brun, monté sur onglets.

72 planches, moins quelques numéros contenant des pages blanches.

193. **Vico** (Énée). Panneaux grotesques, 14 pièces in-fol., de différentes suites.

194. — Vases d'après l'antique. 28 p. in-fol., plusieurs doubles.

195. **Vignole.** Règles des cinq ordres. *Mariette*, s. d., in-fol., fig. rel. veau. — Vignole moderne, par Lucotte, 1781, in-4, fig., br. — Regola delli cinque ordini. *In Bologna*, 1736, in-4, fig., br. Ensemble 3 vol.

196. **Vinci.** Trattato della pittura di Lionardo da Vinci, *Milano*, 1804, in-4, fig., br.

197. **Viollet-le-Duc.** Dictionnaire raisonné de l'architecture française du XIe au XVIe siècle. *Paris, Bance et Morel*, 1854-58, 18 vol. in-8, fig., débrochés.

Manque le 5e fascicule du tome VIII.

198. — Dictionnaire raisonné du Mobilier français de l'époque carlovingienne à la Renaissance. *Paris, Bance*, 1858, in-8, br.

Tome 1er.

199. **Vitruve.** De Architectura. *Lugduni*, 1552, in-4, fig., rel. veau. — Dell'Architettura di M. Vitruvio. *Venetia*, 1584, in-4, fig., vélin blanc (titre remonté). — Vitruve de la Bibliothèque Latine-française. *Panckoucke*, 1848, 2 vol. in-8, fig., br. Ensemble 4 vol.

200. — Les dix livres d'architecture, avec les notes de Perrault; nouvelle édition revue, corrigée et augmentée d'un grand nombre de planches et de notes importantes, par E. Tardieu et A. Coussin, architectes. *A Paris, chez les auteurs*, 1837, 3 vol. in-4, dont un de planches, demi-veau gris, dos orné, tr. marbrée. (*Rel. de l'époque.*)

Le tome II et le vol. de planches n'ont pas de titre.

201. **Zonca** (Vittorio). Novo Teatro di machine et edificii per varie et ficure operationi, cõ le loro figure tagliate in Rame e la dichiaratione et dimonstratione di ciascuna. *In Padoua, Francesco Bertelli*, 1656, petit in-fol., veau ant.

Illustré de figures sur cuivre. Reliure fatiguée aux armes de Fieubet de Naulac, seigneur de Ligny. Petit trou de ver aux marges de quelques feuillets.

Paris. — Typ. Ph. Renouard, 19, rue des Saints-Pères. — 51112.

www.ingramcontent.com/pod-product-compliance
Lightning Source LLC
LaVergne TN
LVHW020313230826
846091LV00006B/2651

* 9 7 8 2 3 2 9 5 3 4 8 8 6 *